Maan aika a Uareereke

Te korokaraki iroun Cherrell Shelley-Robinson
Te korotaamnei iroun Jovan Carl Segura

Library For All Ltd.

E boutokaaki karaoan te boki aio i aan ana reitaki ae tamaaroa te Tautaeka ni Kiribati ma te Tautaeka n Aotiteeria rinanon te Bootaki n Reirei. E boboto te reitaki aio i aon katamaaroaan te reirei ibukiia ataein Kiribati ni kabane.

E boreetiaki te boki aio iroun te Library for All rinanon ana mwane ni buoka te Tautaeka n Aotiteeria.

Te Library for All bon te rabwata ae aki karekemwane mai Aotiteeria ao e boboto ana mwakuri i aon kataabangakan te ataibwai bwa e na kona n reke irouia aomata ni kabane. Noora libraryforall.org

Maan aika a Uareereke

E moan boreetiaki 2022
E moan boreetiaki te katootoo aio n 2022

E boreetiaki iroun Library For All Ltd
Meeri: info@libraryforall.org
URL: libraryforall.org

E kariaiakaki te mwakuri aio i aan te Creative Commons Attribution-NonCommercial-No Derivatives 4.0 International License. E kona n nooraki katotoon te kariaia aio i aon http://creativecommons.org/licenses/by-nc-nd/4.0/.

Te korotaamnei iroun Jovan Carl Segura

Atuun te boki Maan aika a Uareereke
Aran te tia korokaraki Shelley-Robinson, Cherrell
ISBN: 978-1-922849-37-3
SKU02251

Maan aika a Uareereke

Ngkai ao ti na noorii maan aika uareereke.

Aio bon te katamwa. E aranaki te katamwa ae uareereke bwa te bunnikatamwa.

Aio bon te kao.

E aranaki te kao ae uareereke bwa bunin te kao.

Aio bon te kamea.

E aranaki te kamea ae uareereke bwa te bunnikamea.

Aio bon te take.

E aranaki natin te take bwa bunin te take.

Aio bon te ikare.

E aranaki te ikare ae uareereke bwa bunin te ikare.

Aio bon te erebwanti.

E aranaki te erebwanti ae uareereke bwa bunin te erebwanti.

Aio bon te biraoki.

E aranaki te biraoki ae uareereke bwa te bunnibiraoki.

Aio te aoti.

E aranaki te aoti ae uareereke bwa te bunnaoti.

Aio bon te kangkeruu.

E aranaki te kangkeruu
ae uareereke bwa
te bunnikangkeruu.

Aio bon te aau.

E aranaki natin te aau bwa bunin te aau.

Aio bon te beeki.

E aranaki te beeki ae uareereke bwa te bunnibeeki.

Aio bon te tiibu.

E aranaki te tiibu ae uareereke bwa te tiibu te teei.

Ao ko ataia ae ngkoe naba ko riki ngkoa bwa te teei ae uareereke?

Ko kona ni kaboonganai titiraki aikai ni maroorooakina te boki aio ma am utuu, raoraom ao taan reirei.

Teraa ae ko reiakinna man te boki aio?

Kabwarabwaraa te boki aio. E kaakamanga? E kakamaaku? E kaunga? E kakaongoraa?

Teraa am namakin i mwiin warekan te boki aio?

Teraa maamaten nanom man te boki aei?

Karina ara burokuraem ni wareware
getlibraryforall.org

Rongorongoia taan ibuobuoki

E mmwammwakuri te Library For All ma taan korokaraki ao taan korotaamnei man aaba aika kakaokoro ibukin kamwaitan karaki aika raraoi ibukiia ataei.

Noora libraryforall.org ibukin rongorongo aika boou i aon ara kataneiai, kainibaaire ibukin karinan karaki ao rongorongo riki tabeua.

Ko kukurei n te boki aei?

Iai ara karaki aika a tia ni baarongaaki aika a kona n rineaki.

Ti mwakuri n ikarekebai ma taan korokaraki, taan kareirei, taan rabakau n te katei, te tautaeka ao ai rabwata aika aki irekereke ma te tautaeka n uarokoa kakukurein te wareware nakoia ataei n taabo ni kabane.

Ko ataia?

E rikirake ara ibuobuoki n te aonnaaba n itera aikai man irakin ana kouru te United Nations ibukin te Sustainable Development.

libraryforall.org

www.ingramcontent.com/pod-product-compliance
Lightning Source LLC
Chambersburg PA
CBHW040315050426
42452CB00018B/2846